DEFENDONS

NOS DROITS.

Prix : 30 Centimes.

PARIS,

Chez **CORRÉARD**, libraire, Palais-Royal, gal. de bois,

20 avril 1820.

DÉFENDONS

NOS DROITS.

ARTICLE Ier.

*Lettre d'un Français, de Paris, à ses compatriotes
du département de l'Isère.*

CITOYENS DE L'ISÈRE ,

Les électeurs de votre département sont convoqués
pour élire le quatrième député qui doit en compléter la
représentation. La voix de ce député sera comptée dans
les délibérations qui intéressent toute la France; il appartient donc à tout citoyen français d'émettre un avis
sur le choix que vous allez faire. C'est pour la même raison que je ne m'adresse pas aux seuls électeurs de votre
département, mais bien à tous ceux de ses habitans qui
peuvent exercer une influence quelconque sur le résultat
du scrutin.

J'ai appris, que le rédacteur du journal de l'Isère était
poursuivi par le ministère public, pour avoir élevé des
doutes sur la légalité de l'exclusion de M. Grégoire ,
votre quatrième représentant, du sein de la chambre
des députés. De semblables poursuites ne sauraient empêcher un citoyen d'examiner publiquement et librement

cette grave question. Le droit de la discuter résulte ri=
goureusement du droit qui nous appartient encore d'é=
lire nos représentans , et l'autorité , quelque passionnée
qu'on la suppose, ne peut pas fausser la nature des cho-
ses, et en rejeter arbitrairement les conséquences.

Avant d'entamer cette discussion, je crois devoir
insister sur deux faits : le premier, c'est que je pro-
fesse autant d'estime pour M. Grégoire , que je ressens
de mépris pour ses lâches et hypocrites détracteurs :
quant aux hommes sincères qui détestent cet honorable
citoyen parce qu'ils voient en lui le représentant d'une
révolution dont ils ont horreur, je respecte leur opinion
sans la partager. Le second fait , et sans doute le plus
important, c'est que mes sentimens personnels, comme
ceux de tous les amis de la patrie, pour la personne de
M. Grégoire, n'influent et ne doivent influer en rien
sur notre détermination à son égard. Car, entre les hommes qui entendent la liberté et savent la défendre , il ne
saurait être question ni d'un particulier , ni même d'un
député de plus ou de moins , lorsque l'existence constitutionnelle de la représentation nationale est elle-même
en jeu.

En effet , citoyens de l'Isère, vous avez fort bien compris, comme tout le reste de la France, que, du moment
où la Chambre des députés, sortant violemment des
limites qui lui sont tracées par la charte, s'arrogerait le
droit de juger le caractère moral d'un de ses membres,
au lieu de se borner à vérifier ses pouvoirs politiques,
conformément à des règles précises, elle usurperait les
prérogatives des électeurs, et briserait les liens constitu-
tionnels qui l'attachent à la nation. Cet envahissement
des droits électoraux, qui détruirait un des pouvoirs de

(5)

la société, est certainement une des plus scandaleuses
violations de la charte : elle est aussi l'une des plus fu-
nestes, car elle tendrait à organiser au sein de l'état une
oligarchie formidable, un pouvoir monstrueux, qui ne
tarderait pas à renverser tous les autres, et avec eux
toutes les institutions qui garantissent nos libertés.

Ces considérations ont persuadé à plusieurs de vos
concitoyens qu'on ne devait pas fléchir devant une décision parlementaire qui leur a paru frappée d'illégalité,
et qu'il fallait s'abstenir de voter à l'élection prochaine,
attendu que la nomination de M. Grégoire n'ayant pas
été légalement infirmée, la députation de l'Isère ne pouvait pas être regardée comme incomplète.

Cette résolution, citoyens, est digne de votre fermeté,
et, si elle résulte logiquement d'antécédens bien démon-
trés, vous ne pouvez pas vous dispenser de la suivre;
mais ce sont ces antécédens qu'il s'agit d'examiner mûre-
ment avant de prendre un parti. Or, voici ce me semble
les faits dans toute leur vérité :

M. Grégoire, ayant réuni aux dernières élections de
l'Isère, un nombre de votes suffisant, a dû être proclamé
son représentant provisoire, sauf vérification ultérieure
de ses titres par la Chambre des députés. Cette vérification, qui ne devait avoir pour but que d'examiner si les
conditions légales d'éligibilité, et les formalités électo-
rales avaient été remplies par M. Grégoire, s'est étendue
à des objets tout-à-fait étrangers à la compétence de la
Chambre. Il en est résulté un conflit de deux questions, l'une fort légale, l'autre manifestement in-
constitutionnelle. Cette dernière, si imprudemment,
et je dirai même, si méchamment soulevée par des
hommes qui affectaient des passions ardentes pour

(6)

couvrir des projets criminels, a paru être le motif déter-
minant de l'assemblée. C'est une grande erreur, mais on
la conçoit aisément quand on pense combien une question capable d'allumer la fureur des partis, a dû faire
promptement oublier la question légale. Il est cependant
bien prouvé que la majeure partie des députés qui ont
voté contre l'admisson de M. Grégoire, n'ont entendu l'ex-
clure que comme étranger au département de l'Isère, ou
plutôt parce que M. Sappey n'y avait pas son domicile
politique. Mais il n'est pas moins prouvé qu'une autre
portion de l'assemblée s'est obstinément refusée à examiner ce fait, et a prétendu repousser le quatrième député de l'Isère, pour un motif qu'elle n'avait pas le droit
de produire. Il se peut donc que M. Grégoire, admis
dans toutes les hypothèses, par le côté gauche de la
Chambre, et implicitement accueilli par le côté droit
comme remplissant les conditions légales, eût été défini-
tivement confirmé par une forte majorité, si la question
constitutionnelle eut été posée d'une manière claire et
précise.

Il résulte, ce me semble, de tous ces faits, que la posi-
tion actuelle de M. Grégoire, est celle d'un député dont
les pouvoirs n'ont pas encore été vérifiés. Or, en le représentant à la chambre par une élection nouvelle, les
électeurs de l'Isère forceraient l'assemblée de prononcer
régulièrement sur sa nomination. Cette manière de ré-
clamer une décision de la chambre des députés, serait
à la fois légitime et digne du civisme dont les habitans
de l'Isère ont donné tant de preuves. Elle serait, citoyens,
une protestation ferme et constitutionnelle contre les
violations journalières de la Charte ; elle rappelerait
aux députés patriotes qu'il ne faut jamais transiger avec
les principes, et leur offrirait le moyen, non pas d'im-

poser violemment à la chambre un membre qui n'y pourrait pas entrer légalement, mais une occasion singulière
d'invoquer la sainteté des lois, et de réparer avec éclat
la faute qu'ils ont commise, en fléchissant une première
fois devant des passions qui devaient les trouver iné-
branlables.

ARTICLE II.

M. Royer-Collard, dans la séance du 17 avril, a révélé
une triste vérité, lorsqu'il a dit que l'anarchie régnait
dans la Chambre, et qu'elle s'y était introduite le jour
où MM. de Villèle et Lainé, à l'occasion des pétition s pour
le maintien de la loi des élections, avaient discuté la
question au fond, et déclaré d'avance que la loi actuelle
est mauvaise. En effet, depuis le jour funeste où la majorité de la Chambre a décidé, au mépris de tous les
principes, que des citoyens réunis n'avaient pas le droit
de défendre une loi existante contre des attaques annon-
cées officiellement ; du moment où leurs pétitions ont été
écartées, la question du changement de notre système
électoral fut préjugée ; il fut aisé de prévoir le sort qu'une
majorité acquise réservait à la loi actuelle, et de calculer
la résistance opiniâtre d'une opposition fortement prononcée. Aussi, depuis le rétablissement des assemblées
délibérantes en France, jamais session ne fut plus ora-
geuse que celle de 1820 ; jamais l'oubli des convenances
parlementaires n'avait été poussé aussi loin. Dans la discussion de nos intérêts majeurs, une seule partie de la
Chambre a été entendue ; c'est elle seule qui a cons-
tamment défendu la liberté des personnes, l'indépendance des opinions et la fortune des contribuables. Mais
tous ses efforts ont été inutiles ; la majorité n'a répondu
aux objections de la minorité que par des murmures ou par
un silence dédaigneux. Quelques membres du centre

(8)

ont poussé l'impudeur jusqu'à demander la clôture, lorsque la discussion venait à peine d'être ouverte ; on a même été jusqu'à dire que les orateurs du côté gauche ne proposaient des amendemens que pour prolonger la discussion : de là, on en est venu à des injures personnelles ; on a refusé d'accorder la parole à des députés qui siégeaient dans te le partie de la salle ; un président a oublié l'impassibilité qui est le caractère de sa place, pour prendre part aux débats ; on l'a accusé d'une partialité manifeste, et le désordre a augmenté de jour en jour, jusqu'au 17 avril, où la séance a été suspendue pour la seconde fois depuis le commencement de la session. . . .

Tous les bons Français gémissent d'un semblable scandale, et les ministres peuvent juger, par la division qui éclate avec tant de fureur au sein de la Chambre des représentans, de celle qui doit exister au sein de la nation. Si la même lutte qui s'est engagée entre les députés venait à s'engager entre tous les Français divisés d'intérêts, le parti vaincu dans la Chambre pourrait bien l'emporter dans la nation. Hélas ! cette lutte n'est que trop à craindre, car l'anarchie n'est pas circonscrite dans le palais du corps législatif ! elle s'est répandue au-dehors ; elle a envahi toute l'étendue du royaume, depuis que notre état politique a été remis en question, depuis que la faction du petit nombre cherche à usurper un pouvoir odieux. L'anarchie existe depuis qu'on a annoncé l'intention de changer notre système électoral, pour le modifier d'après les vues et les intérêts d'une insolente aristocratie ; il y a anarchie depuis que les Français peuvent se demander tous les jours, s'il est vrai que la contre-révolution est dans la charte, s'il est vrai que nous rétrogradons vers 1815 ; il y a anarchie depuis que le peuple n'a plus d'idée fixe sur le caractère des lois et sur le caractère de ses législateurs, depuis que le gouvernement lui a appris à mépriser ce qu'il recommandait à son estime une année auparavant.

Quand il serait démontré, ce que je suis loin de penser, que la nouvelle loi est plus monarchique, et en même temps plus libérale que celle qui est en vigueur, il serait encore dangereux de substituer la nouvelle à l'ancienne. Pourquoi ? Parce que cette dernière a acquis une popularité que la seconde ne peut obtenir, à cause des préventions dont elle est frappée ; et, je dis plus, dont elle est frappée avec raison. La loi du 5 février 1817 n'est chère à la France que parce que l'expérience a prouvé que les députés qu'elle appelait à la Chambre étaient les vrais défenseurs de ses intérêts et de ses droits. En déclarant que la loi est mauvaise, les ministres déclarent implicitement que les choix qui ont été faits, en vertu de cette loi, sont également mauvais, autrement il serait plus qu'inutile de la changer. Les ministres pensent donc que la majeure partie des députés, nommés depuis le 5 février, sont les ennemis de la constitution et du monarque; ils soupçonnent donc qu'en prononçant le serment de se conduire en bons et loyaux députés, ils ont prémédité un parjure..... Si les ministres ont pu croire à une pareille corruption, la nation ne partage point leur croyance : elle s'obstine à honorer les hommes qui déplairaient moins au ministère s'ils prenaient un peu plus de soin de lui complaire. La nation est peut-être trompée; mais il faut convenir qu'il lui eût été impossible d'éviter le piége où elle s'est laissée prendre. Par un concours fortuit de circonstances plus extraordinaires les unes que autres, ou par une déplorable fatalité, les députés du côté gauche sont toujours montés sur la brèche pour défendre la liberté civile et l'indépendance nationale, tandis que le centre restait immobile, ou aidait les démolisseurs de la droite. Le choix de la nation ne pouvait être douteux, elle s'est rangée du côté de ses défenseurs; et il serait désormais impossible de lui inspirer quelque confiance, en suivant une route totalement opposée à celle qu'ils poursuivent avec tant de constance et de gloire.

ARTICLE III.

Pourquoi le ministère a-t-il retiré son premier projet sur les élections? A-t-il donc compris enfin qu'il fallait céder au vœu de la nation? Non ; le ministère, effrayé par une opinion menaçante, a voulu la tromper ; mais il s'est en vain flatté d'y parvenir : déjà l'opinion s'est prononcée sur le nouveau projet ministériel ; déjà elle a reconnu que, non moins que l'autre, il tendait à détruire toutes les garanties, toutes les libertés, et que non moins que l'autre, quoi qu'on en dise, il violait la lettre de la charte comme il en violait l'esprit.

Dans cette importante occasion, les députés du côté gauche ont pris l'attitude qui leur convenait, ils ont fait ce que la nation attendait de leur part; ils ont énergiquement protesté; ils n'ont pas dit formellement : nous protestons; l'improvisation des événemens de cette mémorable séance, les fougueuses vociférations du côté droit, ne permettaient pas cette forme de protestation.

Mais en s'opposant à ce que le président donnât acte aux ministres de la présentation de leur projet, en reproduisant leur opposition dans le refus d'imprimer ce projet, ils ont protesté autant qu'ils le pouvaient faire. Une forme plus régulière, plus solennelle, devient nécessaire à leur protestation J'en conviens; mais l'occasion va se présenter où ils devront la revêtir de la forme convenable : la droite et le centre vont bientôt entamer la discussion de ce projet inconstitutionnel. Il est clair que prenant part à cette discussion, les Députés du côté gauche seraient en contradiction avec la conduite qu'ils ont tenue dans la séance du 17; ils ne peuvent discuter un acte qu'il n'ont pas admis, qu'ils n'ont pas reconnu, s'ils en agissaient autrement, on aurait à leur reprocher de l'inconséquence ou de la faiblesse; or nous n'avons à craindre de ces citoyens éclairés et courageux, ni inconséquence ni faiblesse.

Le côté droit s'est montré tel que l'on devait s'attendre à le trouver. Sans force morale dans la chambre, sans appui d'aucune espèce au dehors, il a dû profiter de l'avantage que lui donnait le nombre pour étouffer la voix qui l'accusait, et qui bientôt allait retentir dans toute la France. Dans cette circonstance comme dans tant d'autres, comme à l'occasion des pétitions dans lesquelles des milliers de citoyens demandaient le maintien de la loi qu'il paraît aujourd'hui important de *lacérer*, comme dans la discussion qui s'est élevée sur la validité de l'élection du député de l'Isère, le côté droit, sans permettre que l'opposition pût exposer ses moyens, a voté *à coups de majorité*, selon l'expression d'un honorable membre.

En vain lui a-t-on représenté qu'il avait la ressource de répondre à ses adversaires; que puisqu'il croyait avoir raison il devait croire aussi qu'il les confondrait; que, dans l'intérêt de sa cause, il devait désirer et provoquer même les occasions de les confondre; le côté droit qui

savait bien ne pas avoir cette ressource, qui savait bien
que les députés du côté gauche parlaient à la France et
que la France allait les entendre, a voulu couvrir leurs
voix; mais y a-t-il réussi? non : les députés de gauche
ont protesté. La nation les a entendus et déjà elle pro-
teste avec eux.

ARTICLE IV.

On sait, à Paris au moins, qu'un conseiller à la Cour
royale de Nîmes, M. Madier de Montjau, bravant,
comme il le dit lui-même, les poignards des honnêtes
assassins qui défendent la bonne cause, a lancé contre
les hommes monarchiques, la plus épouvantable des
accusations. Cette accusation est précise et officielle;
c'est une pétition adressée, par le digne magistrat, à
MM. les députés, pour appeler leur attention sur la po-
sition critique de la ville de Nîmes, et les supplier d'é-
loigner de cette cité les effroyables malheurs dont elle
est menacée. On sait que les faits dénoncés dans la pétition sont relatifs à des affiliations secrètes, organisées
de longue main par les aristocrates; affiliations que la
Bibliothèque historique, et, plus tard, la procédure
instruite contre les *Amis de la liberté de la presse*,
avaient déjà dévoilées. L'existence de ces associations
clandestines, dans le sein desquelles se sont probablement médités tous les projets anti-nationaux, toutes les
notes secrètes, n'a jamais été niée par la faction monarchique. Cette faction, qui se croit au-dessus des lois,
organise même chaque jour, des sociétés nouvelles,
au milieu desquelles elle se fortifie, comme dans une
citadelle, pour faire irruption contre les libertés publiques.

On m'écrit d'une grande ville du midi, que, vers la
fin du mois de mars, il s'y est ouvert un de ces clubs,
sous le nom de *cercle religieux* On assure qu'il doit
sa naissance aux intrigues des missionnaires qui ne s'oc-
cupent pas toujours exclusivement de prêcher la parole
de Dieu. Quoi qu'il en soit, le *cercle* en question a été
inauguré par une messe du St.-Esprit, à laquelle ont
assisté tous ses membres, au nombre de plus d'une
centaine. On prétend qu'une condition préliminaire et

tout-à-fait indispensable , pour être admis dans cette pieuse réunion , est de présenter un billet de confession.

Ces pratiques qui peuvent paraître puériles à certaines personnes , ne me semblent justiciables que de l'opi-nion, et l'autorité , selon moi, n'a moralement aucun droit d'y mettre obstacle. Je me plais même à recon-naître que l'aveu public d'une pareille association est un amendement remarquable dans la conduite des hommes monarchiques, qui préfèrent ordinairement les voies souterraines. En révélant l'existence du *cercle re-ligieux*, je ne prétends donc pas appeler sur lui la sé-vérité des magistrats, ou la rigoureuse observation de certaines lois que j'ai toujours regardées comme ab-surdes et tyranniques ; mais j'ai voulu montrer combien la faction est injuste et inconséquente, lorqu'elle dé-nonce les réunions paisibles et publiques des citoyens qui ne partagent pas ses passions.

ARTICLE V.

La censure s'illustre chaque jour par de nouveaux exploits : après avoir forcé MM. Comte et Dunoyer à en appeler au jugement du public par la publication de leurs *Rognures*, elle vient de contraindre l'éditeur de *la Renommée* de porter devant un tribunal plus sévère ses justes réclamations. Cette fois, ce sont MM. les députés qui ont reçu la plainte sous le titre de *Pétition de l'éditeur responsable de la Renommée à MM. les membres de la chambre des députés.* Après avoir ex-posé la manière tyrannique dont s'exerce la censure de son journal, le plaignant justifie ses griefs en produisant tous les articles qui ont été rejetés depuis l'entrée en fonctions de MM. les censeurs : on y remarque une lettre de M. Benjamin Constant, qui prend la défense des députés insultés par le *Drapeau-Blanc*. Une réponse modérée à la fameuse circulaire de M. de Richelieu. Un article intéressant sur la faculté attribuée aux lieutenans-généraux de casser les sous-officiers. Un autre justificatif de la *Souscription patriotique*.

Toutes ces pièces sont écrites, je ne dis pas avec dé-cence, parceque les auteurs de *la Renommée* qui sont des hommes de bonne compagnie ne pourraient pas écrire autrement, mais avec une modération remarquable et n'ont rapport qu'à l'administration. Viennent ensuite quelques nouvelles piquantes dont le rejet ne prouve que la partialité des juges en faveur de quelques journalistes qui partagent leurs opinions. Parmi ces derniers articles j'en ai distingué un que je ne puis m'empêcher de citer pour donner un exemple du discernement et de la justice de MM. les senceurs.

« Avant-hier soir, le bruit s'est répandu sur les quais
» qui bordent le bassin de la Seine, entre le Pont-Neuf
» et le Pont-Royal, qu'un *individu* recouvert d'une robe
» fourrée venait de se précipiter dans la rivière. Nous
» avons été informés trop tard de cet évènement, dont
» nous sommes autorisés à croire l'authenticité, pour
» en soumettre la publication à la censure ; ce n'est
» qu'aujourd'hui qu'elle y a apposé sa *griffe*, et que nous
» pouvons par conséquent annoncer que l'individu était
» un chat.. » La censure a probablement découvert dans cette nouvelle une attaque secrète contre le trône et l'autel. *O altitudo !*

Outre ces décisions, que l'on peut qualifier de tyranniques et de ridicules, il paraît que MM. de la censure se permettent de retenir sans motifs les articles qui leur sont soumis. L'éditeur de *la Renommée* ayant voulu les citer pour en obtenir la remise de quelques manuscrits, l'huissier chargé de la citation a répondu que, conformément à une circulaire adressée, le 9 août 1817, par M. le procureur du roi à la chambre des huissiers, aucun fonctionnaire ne pouvait être actionné pour faits relatifs à ses fonctions, sans l'autorisation préalable du gouvernement. Ainsi, voilà MM. les censeurs couverts pour l'art. 75 de la constitution de l'an 8, égide respectable, sans doute, pour les tribunaux, mais qui ne peut garantir personne du jugement de l'opinion publique.

ARTICLE VI.

Copie de la lettre adressée à M. Bellart, procureur-général près la Cour royale de Paris, par neuf de MM. les députés des départemens.

Monsieur le Procureur-général,

Nous apprenons que des interrogatoires ont été commencés contre plusieurs citoyens, signataires, avec nous, du *Prospectus* d'une souscription pour le soulagement des personnes qui pourraient être détenues en vertu de la loi du 26 mars dernier, ou de leurs familles. Convaincus qu'aucun délit n'existe dans un acte d'humanité, qui, loin de provoquer la désobéissance à la loi, suppose, au contraire, son exécution, nous le sommes également que, si vous étiez dans une opinion contraire, vous ne pourriez, sans prévarication, négliger les formes prescrites par la Charte pour demander à la chambre, qui jugerait la demande, l'autorisation de nous mettre en cause. Cette prévarication serait évidente, puisque, s'il n'y a pas de délit, vous poursuivez deux innocents, et que, s'il y a délit, ce qui est inadmissible, vous vous arrogez le droit de manquer à des formes voulues par notre acte constitutionnel, pour ne poursuivre le délit que partiellement. Nous avons dû, Monsieur le procureur-général, vous adresser cette réclamation, pour servir, comme de droit, aux citoyens que vous poursuivez. Nous vous prions d'adresser à l'un de nous votre réponse, et nous avons l'honneur de vous saluer.

Paris, le 18 avril 1820.

Signé, LAFAYETTE, CHAUVELIN, MANUEL, DUPONT (de l'Eure), LAFFITTE, D'ARGENSON, KÉRATRY (du Finistère), CASIMIR PERRIER, BENJAMIN-CONSTANT.

Réponse de M. Bellart à la lettre ci-dessus.

Paris, 19 avril 1820.

J'ai reçu, Messieurs, la lettre que vous me faites l'honneur de m'écrire sous la date d'hier. Les devoirs des magistrats sont réglés par les lois; c'est à elles seules et aux tribunaux qu'ils rendent compte de leur conduite; voilà leurs arbitres. Je serai toujours prêt à répondre aux questions que ceux-là m'adresseront; mais je vous prie d'approuver que je ne reconnaisse pas d'autre autorité et surtout celle que vous vous attribueriez sur le ministère public, et que je ne saurais même comment définir. J'ai l'honneur de vous saluer,

Le procureur-général de Sa Majesté
près la Cour royale de Paris,
signé, BELLART.

ARTICLE VII.

On assure que M. Noguera secrétaire de la nouvelle ambassade espagnole, s'est plaint amèrement à M. Pasquier, des expressions plus qu'inconvenantes dont avaient usé si souvent *le Drapeau Blanc*, *la Quotidienne*, et *tutti quanti* à l'égard de la nation qu'il représente. M. Noguera, en l'absence de l'ambassadeur, a demandé raison des injures grossières que les journaux ultras ont prodiguées aux nobles défenseurs de la cause du peuple, aux représentans de la nation, au Roi lui-même, qui a juré la constitution.

Si la presse était libre, a dit M. Noguera, je mépriserais les misérables qui injurient un grand peuple. En France mille voix généreuses s'éleveraient pour nous défendre et nous serions assez vengés; mais aujourd'hui, sous le régime de la censure, le gouvernement semble approuver ces infâmes calomnies, et je ne dois ni ne puis le souffrir.

Il semblerait, a répondu M. Pasquier, que vous avez deux cent mille hommes prêts à entrer en campagne.

Dix hommes et un caporal suffiraient, à repris le fier Castillan, s'ils plantaient sur le haut des Pyrénées le drapeau.......

On a dû remarquer dans le nouveau journal ministériel, *les Débats*, un article *sémi-officiel*, dans lequel on approuve tout ce qu'a fait la nation espagnole. Cet article est probablement la suite de la verte représentation de M. Noguera.

Cela n'empêchera pas les journaux monarchiques de continuer leurs injures et leurs diffamations.

Si la presse n'était pas esclave, je crois que M. le secrétaire d'ambassade aurait eu le plus grand tort de faire une représentation à notre ministre des affaires étrangères : chez un peuple libre, on peut émettre toutes les opinions. Mais aujourd'hui, il n'y a de journalistes que les ministres et les censeurs, puisqu'il ne s'imprime dans les journaux que ce qui convient à nos seigneurs et aux créatures de leurs excellences.

Je prie instamment mes lecteurs de croire que j'ai rapporté un fait, mais que je n'ai pas prétendu me servir de l'organe de l'ambassadeur d'Espagne pour attaquer M. Pasquier, Je suis Français, et à ce titre, je n'ai pas besoin du secours des étrangers. J'attaquerai M. Pasquier, j'attaquerai tous les ministres, j'attaquerai toutes leurs doctrines, toutes les fois qu'elles auront pour but la destruction de nos institutions, l'anéantissement de nos droits. Assez fort de l'opinion de mes compatriotes, je n'irai point mendier des auxiliaires hors de ma belle patrie.

Imprimerie de P.-F. DUPONT, hôtel des Fermes.

9 782014 045314